はじめてのおうちカット

砂原由弥
(すなはらよしみ)

anonima st.

はじめに

　はじめての子どものヘアカット、皆さんはどうしますか？

　「美容院で泣いて、まわりにご迷惑をかけるかも」「でも家では子どものヘアカットなんて、したことがないし」「上手にできなかったら、どうしよう……」日に日にのびていく子どもの髪の毛を眺めつつも、手をつけられないまま、なんて人もいるかもしれません。

　この本は、愛情たっぷり、技術はちょっぴりからはじめる、おうちカットの本です。かんたんなスタイルならたった3ステップで「はい、できあがり！」

わかりやすくかんたんなプロセスで、ご紹介します。

　お外で髪がなびいたら、風と相談しながらのカットもいいね。毛先が太陽に透けるくらい軽く切ってみたら、あらら、かわいい！スイングボブになっちゃった。お出かけ前に着せかえ気分で、まえがみだけをちょこっとカット……。
　おうちカットでこんなにかわいく、にっこりいいお顔をしてくれるなら、よし、はりきっておうちサロンの開店です。
　この本で、おうちカットをもっと身近に楽しんでもらえたら、うれしいです。
　まずはまえがみから、はじめてみませんか？

もくじ

はじめに

はじめに用意するもの　　6

この本の使い方　　8

カットは楽しい！相談しながらスケッチしてみよう　　10

step1　まえがみカット

基本のまえがみ　　14

大きいギザギザ　　16

小さいギザギザ　　18

Vの字まえがみ　　22

はばひろまえがみ	24	
くせっ毛クルリンのカット	26	
おうちカットを親子のコミュニケーションに	29	

step2　おうちサロンに挑戦！

ボブスタイル	32
ボブレイヤースタイル	36
ツイギースタイル	40

ショートスタイル	44
小さい子どものシャンプーの仕方	50

step3　おんなの子のヘアアレンジ

ボブアレンジ （毛先クルリンスタイル / キッズリーゼント）	52
ロングアレンジ （クラシカルスタイル / マチコスタイル）	54

デザイナー・suzuki takayuki とつくる
オリジナル・カットクロス　　　58

おわりに

はじめに用意するもの

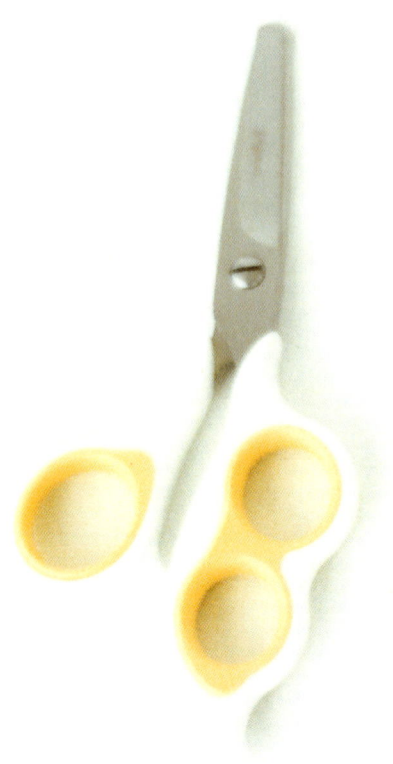

はさみ
ヘアカット用のよく切れるものを。手も疲れないし、子どもも痛がりません。

すきばさみ
軽くしたり、自然な感じにするのに使います。

コーム
髪の毛のからみを取ります。コームで毛流れを自然にととのえると、仕上がりがイメージしやすくなります。

写真は3つ穴のものを使用していますが、ベーシックなヘア用のはさみなら何でも O.K. です。

クリップ
毛量が多い場合などはクリップで分けて留める（ブロッキング）と切りやすいです。

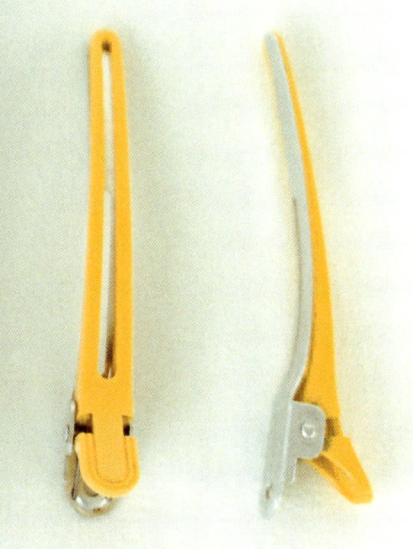

カットクロス
首まわりにタオルと一緒に巻いてあげると、後始末も楽でちくちくしません。

この本の使い方

イメージラインとカットライン

まず切る前に、どんな髪型にするのか、しっかりとイメージしましょう。これはプロの美容師さんも必ずおこなう大切なプロセス。この本では、はじめてでもイメージしやすいように、「イメージライン」と「カットライン」を図のように表しています。

イメージライン（太い線）……

この本では、ほぼすべてのプロセスで、最初に仕上がりのイメージを描きます。このイメージラインをいつも意識しながら切りましょう。「あ、切りすぎちゃった」や「想像していたのと違う……」ということが、ずいぶんと少なくなるはず。

カットライン（細い線）……

イメージラインどおりの髪型をつくるために、実際にはさみを入れるラインを表しています。しっかりイメージしたら、このカットラインにそってカット。上手に、スピーディーにできるようになりますよ。

はさみの入れ方

この本でご紹介するヘアスタイルは、たった3つのパターンの切り方でできるようになっています。難しそうにみえても、じつはこの3つを組み合わせただけ。ここで基本をみておきましょう。
この本では、髪をぬらさずに切る「ドライカット」を採用しています。仕上がりをみながら調整できるので、はじめてでも失敗しにくい方法です。

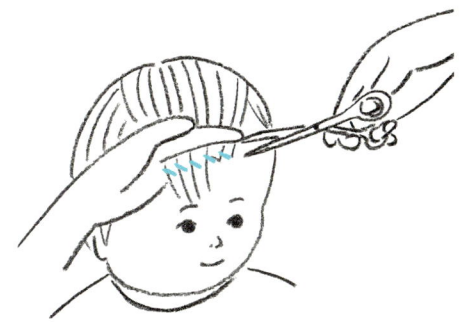

ななめにはさみを入れる
図のように髪の毛に対してななめにはさみを入れます。自然な仕上がりになるのが特徴です。

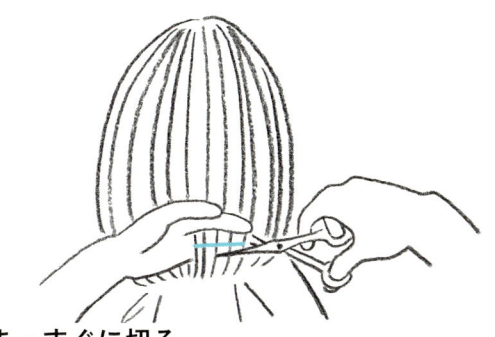

まっすぐに切る
髪の毛に対して垂直にはさみを入れます。長さをそろえるときなどに使います。

すきばさみを入れる
自然になじませたり、軽くするときに。子どもの髪は少ないので、ようすをみながら加減して。

あたまの部位のよび方

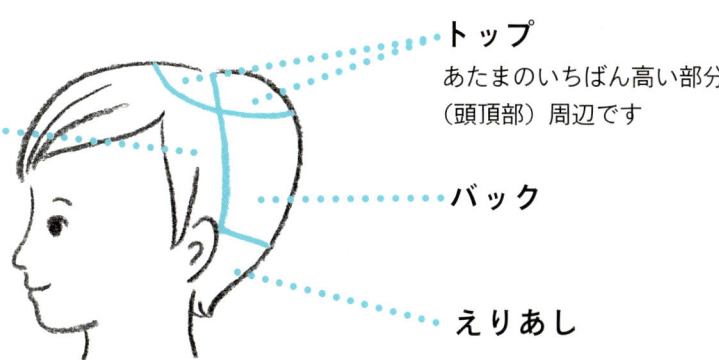

トップ
あたまのいちばん高い部分（頭頂部）周辺です

サイド
トップから下の横の部分です。
右サイドと左サイドがあります。

バック

えりあし

カットは楽しい！
相談しながらスケッチしてみよう

「こんなのは、どう？」「それもかわいいね！」と相談しながら、
切りたいスタイルをスケッチしてみましょう。
いっしょに楽しくお絵かきして、いっぱいおはなしすれば、
自分から「これがいい！」とカットを楽しんでくれるようになるはずです。

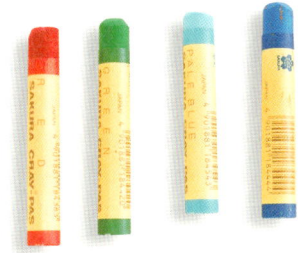

まえがみカット

step1 まえがみカット

「まえがみをちょっぴり切りたいだけなんだけど……」というとき、ありますよね。ここでは5タイプのまえがみの切り方をご紹介します。まずはここからはじめてみましょう。仕上がりのイメージをしっかり持ってトライ！

基本のまえがみ

まえがみカット

基本のまえがみ

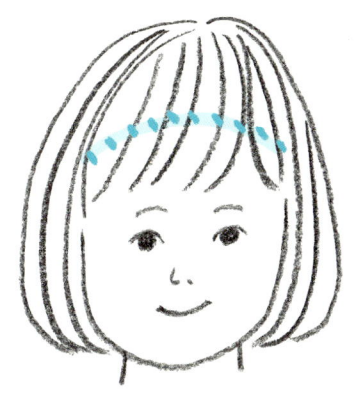

1 仕上がりと切るラインをイメージする。
しっかりイメージすると、上手にできます。

2 コームでおろしながら、指ではさむ。
毛流れに逆らわないようにとかします。

3 目安にそって、はさみをななめに入れる。
＊お好みですきばさみを入れてもかわいいです。

大きいギザギザ

まえがみカット

→切り方は P20 へ

小さいギザギザ

→切り方は P21 へ

大きいギザギザ

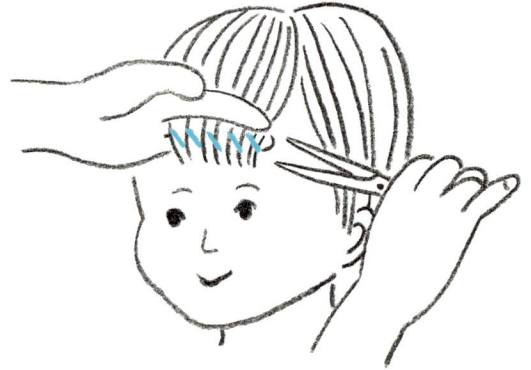

1 仕上がりと切るラインをイメージする。

2 コームでおろし、指ではさみながら、目安にそって、ななめにはさみを入れる。

3 毛先にすきばさみをななめに入れる。一カ所につき3〜5回を目安に。
子どもの髪は少ないので、すきばさみの回数は少しずつ、ようすをみながら入れてみてください。

小さいギザギザ

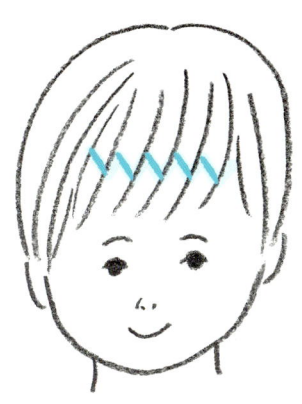
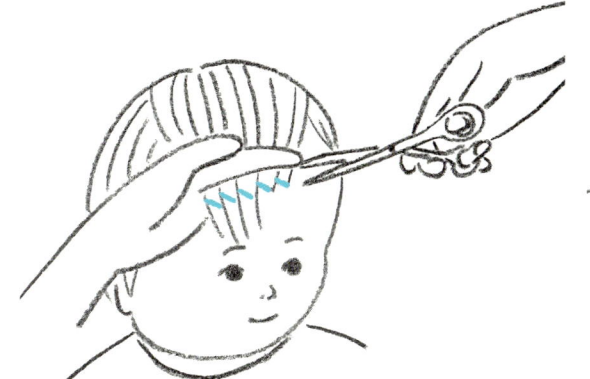

1 仕上がりと切るラインをイメージする。

2 コームでおろし、指ではさみながら、目安にそって、ななめにはさみを入れる。

3 毛先にすきばさみをななめに入れる。一カ所につき3〜5回を目安に。
子どもの髪は少ないので、すきばさみの回数は少しずつ、ようすをみながら入れてみてください。

＊小さいギザギザは大きいギザギザよりも短めの仕上がりになります。

Vの字まえがみ

Ｖの字まえがみ

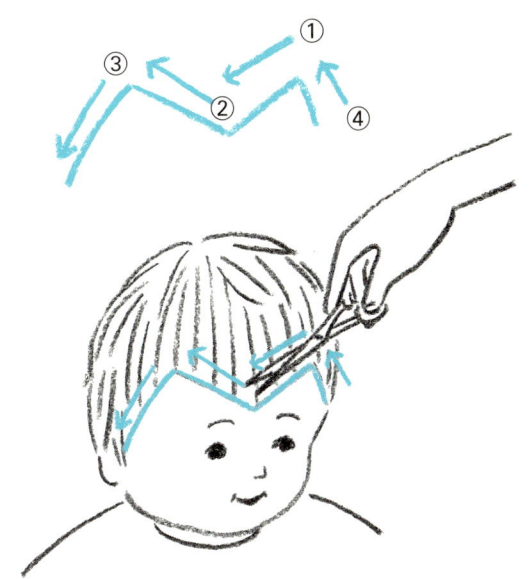

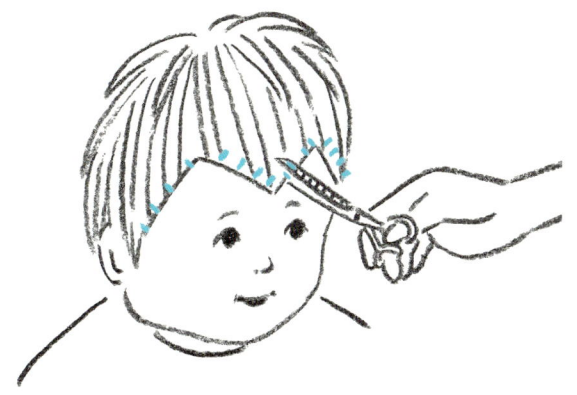

1 仕上がりと切るラインをイメージする。

2 上記の順でＶの字になるようにチョキン、チョキンとまっすぐに切っていく。
毛流れと垂直にはさみをいれる。

3 すきばさみをななめに入れる。
すきばさみを入れる回数は、ようすをみながらお好みで入れてください。

はばひろまえがみ

まえがみカット

はばひろまえがみ

1 サイドの髪をピンで留める。（ブロッキング）

2 仕上がりと切るラインをイメージする。

3 まずは真ん中からまっすぐに切る。

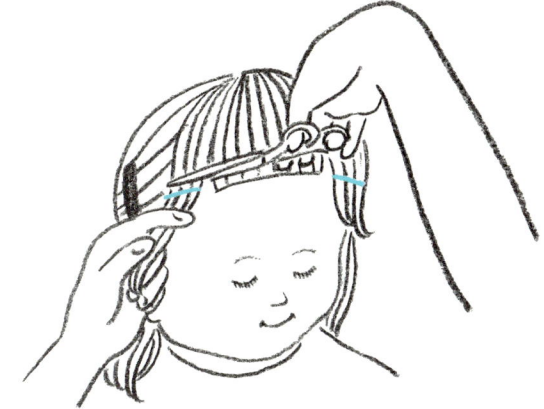

4 目安にそってサイドにつなげていく。

＊お好みですきばさみを入れても、個性が出ます。

くせっ毛クルリンのカット

26　まえがみカット

くせっ毛クルリンのカット（毛先のからみをとるカット）

からまりやすいくせっ毛のメンテナンスは、まえがみカットと同じぐらい、かんたんです。

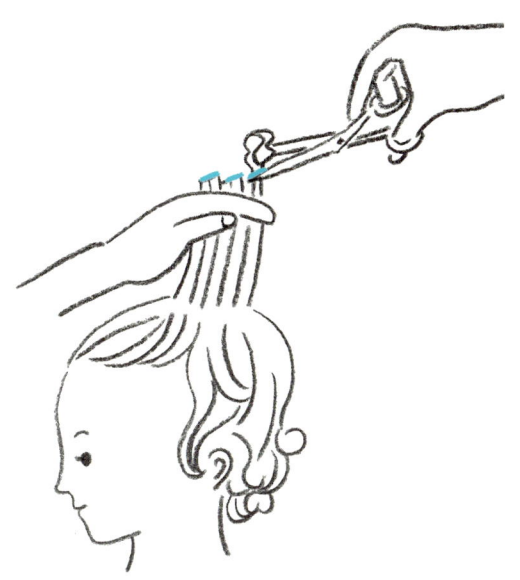

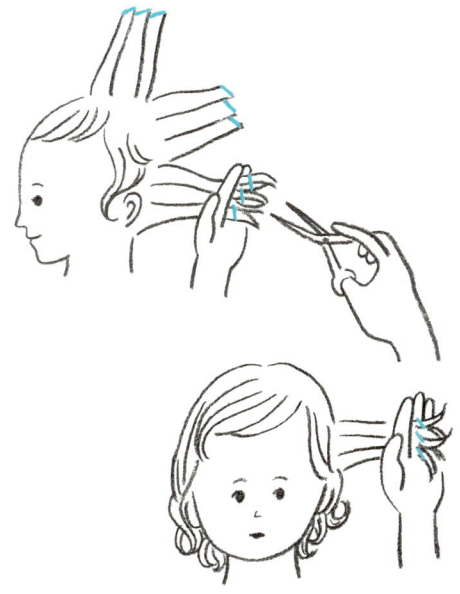

1 トップから90度に引き出した毛束を、1〜3cm切る。
くせっ毛はからまりやすいので、コームでとかしながら引き出すと上手にできます。

2 サイド〜バックも同様に、90度に引き出した毛束を、1〜3cm切る。

まえがみは前ページからお好みで。

＊からみがどうしてもとれない場合は無理にひっぱらず、毛先だけつまんで切ってもO.K.です。

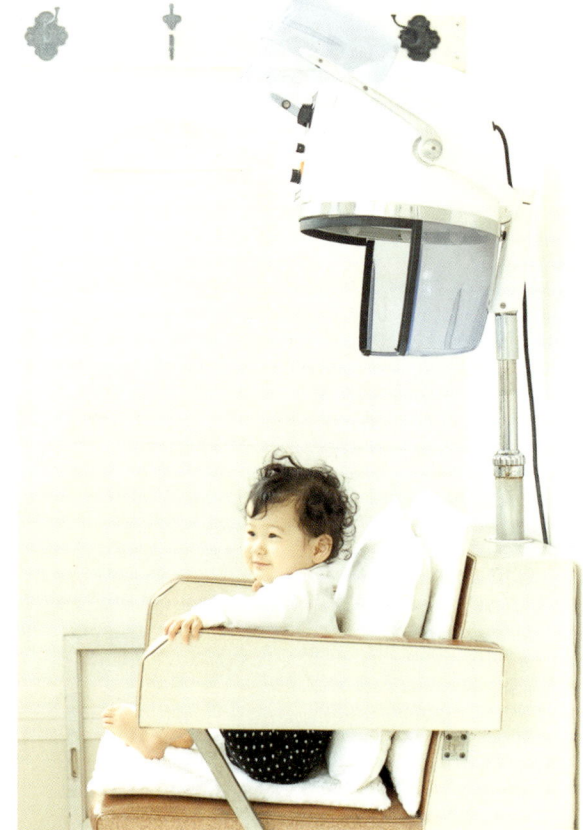

おうちカットを親子のコミュニケーションに

 ## おうちカットを親子のコミュニケーションに

　おうちでのヘアカットの思い出は誰にもあるのでは、と思います。

　実家が美容院だったので、幼い私にとって、母に髪を切ってもらうのは暮らしの中のごく自然な光景でした。手の感触、真剣な目線が、なんだか恥ずかしい切りはじめ……。
　わざと変な顔をしたり、もぞもぞ動いたりしては叱られたものです。
　おうちカットは、大切な親子のコミュニケーションの時間。髪の毛やおでこに触れてもらうことで、くすぐったかったり、ほっと安心したり……。その時間は優しい記憶として、ずっと子どもの心の中に残っていきます。

　子どもが動いたり、いやがったりしたら、無理はさせずに遊ばせてあげられるのも、おうちカットのいいところ。スケッチを描きながら「こんなふうにしてみようか？」と相談する。髪を切りながら、いろんなおはなしをする。できあがりをみて、鏡でにっこり笑い合ったりできるのも、おうちカットならではのあたたかい時間です。

　カット自体は、最初は上手にできなくてもいいんです。出来のよしあしよりも大切なのは、指先を通して伝わっていく気持ちなのですから。

　おうちカットの思い出は、子どもが幼いときだからこそあげられる、とってもすてきな心あたたまるプレゼントだと思うのです。

step2 おうちサロンに挑戦！

まえがみカットがうまくできたら、こんどはいよいよ全体のカットに挑戦してみましょう。ここでも、切る前にしっかりとイメージすることがより大切になります。仕上がったときの親子で「にっこり」を目指して、おうちサロンの開店です。

ボブスタイル

ボブスタイル

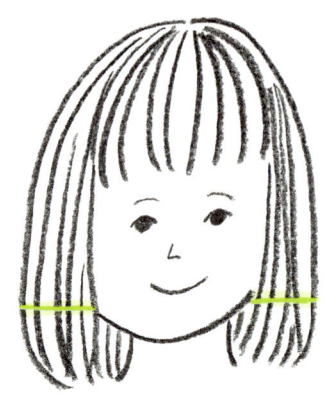
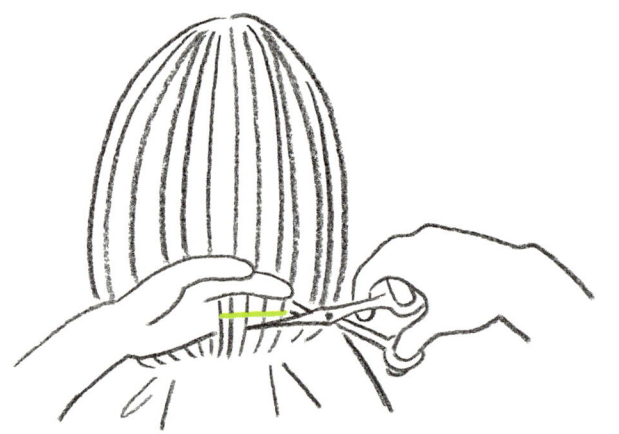
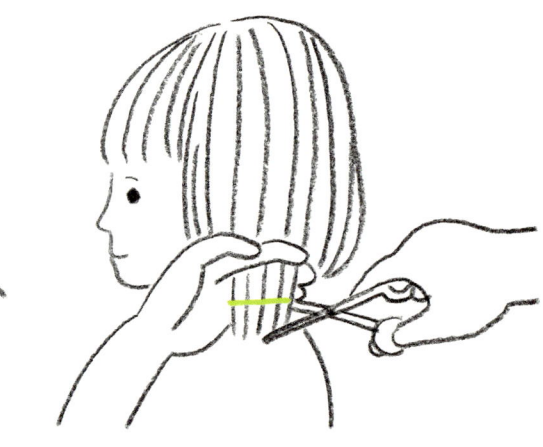

1 仕上がりと切るラインをイメージする。

2 まずはバックから。コームでおろし、指ではさみながら、目安にそって、まっすぐに切っていく。

3 耳まわりの毛はあまりひっぱらずに、そっととかしてまっすぐに切る。
耳のでっぱりがある分、髪がうきあがり、短くなりがち。自然におろしてやさしくつまんで切ると、失敗しにくいです。

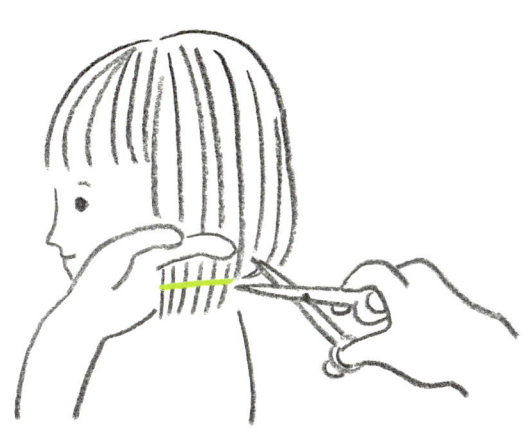

4 サイドへつないでいく。
＊反対側も 3 - 4 と同様にする。

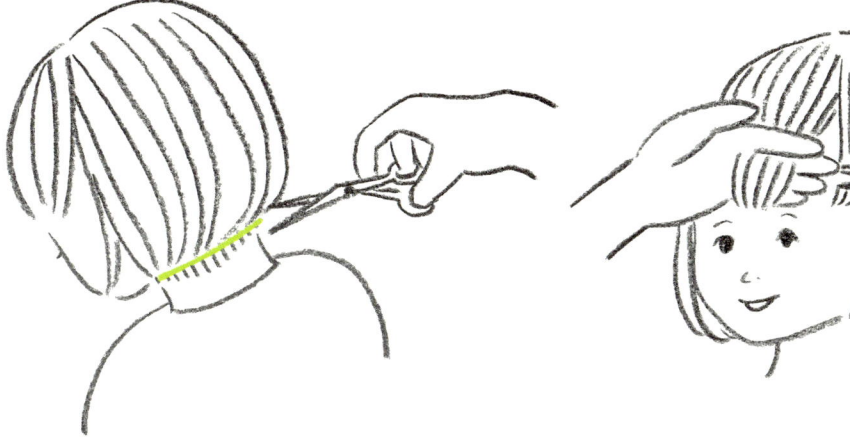

5 顔を下向きにしてとかすと、切り残しが飛び出る。ここをそろえてまっすぐに切る。

まえがみは Step1 からお好みで。

＊お好みですきばさみを入れても動きがでてかわいいです。

ボブレイヤースタイル

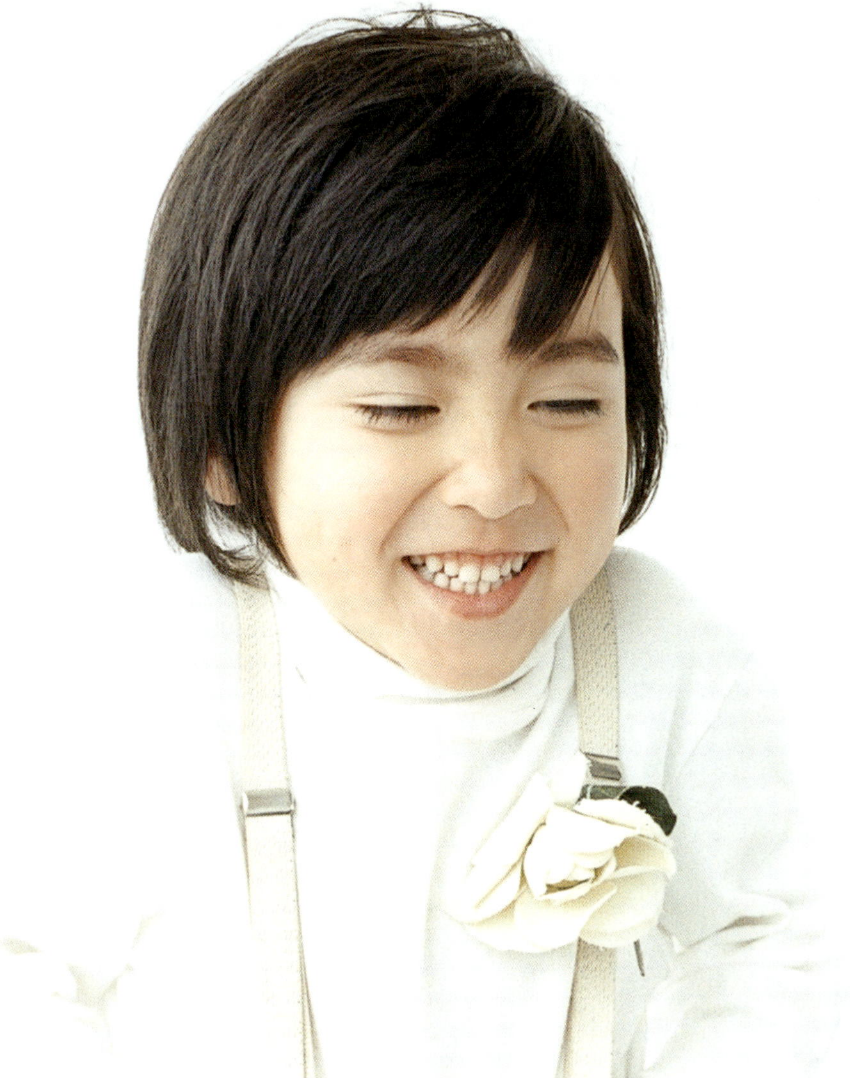

ボブレイヤースタイル

1 仕上がりと切るラインをイメージする。

2 えりあしにななめにはさみを入れて、長さを決める。

3 顔に向かってギザギザに上がるようにななめにはさみを入れる。
＊反対側も同様に。

毛量の多い子はねじらずに、すきばさみを多めに入れても O.K. です。
5のはさみを入れる位置で、髪の動きに変化が出ます。また、お好みで全体にすきばさみを入れて軽くしても。

✳︎まえがみは step1 からお好みで。

4 トップの毛束を図のように多めに引き出して、3〜5cm 毛先にななめにはさみを入れる。

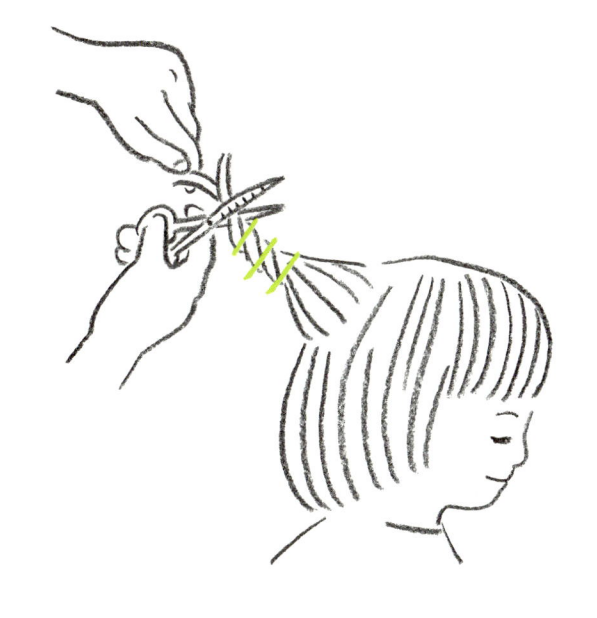

5 毛束を軽くねじって、すきばさみを入れる。中間〜毛先に向かって、回数はお好みで。
ねじりすぎないで。はさみに負担がかかります。

ツイギースタイル

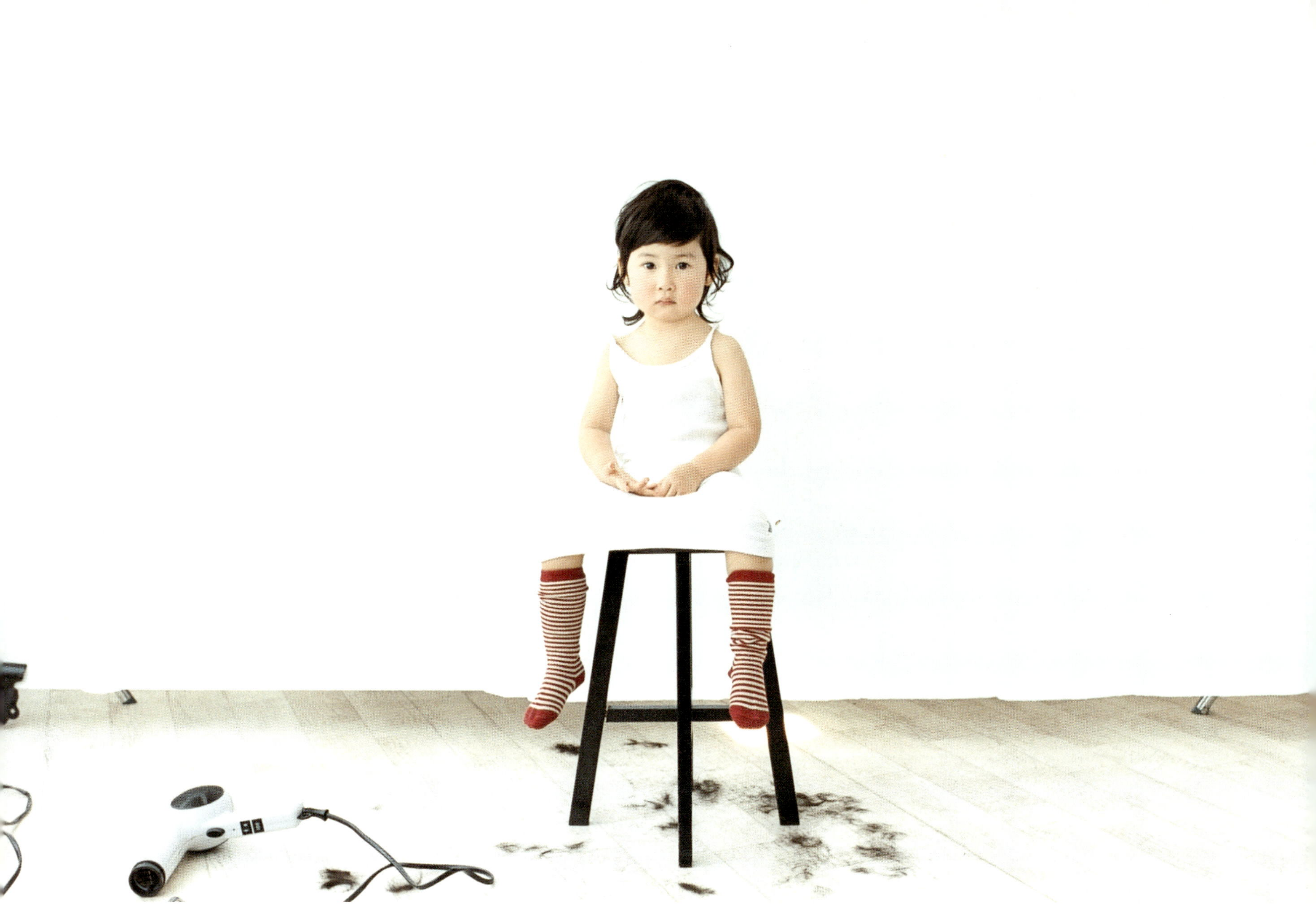

ツイギースタイル

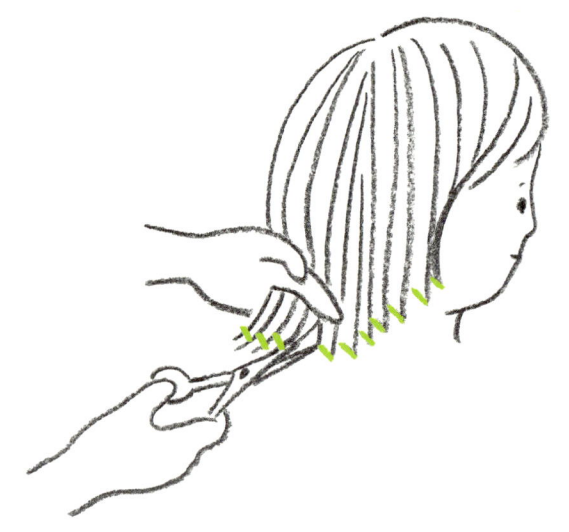

1 仕上がりと切るラインをイメージする。

2 目安にそって、はさみをななめに入れる。

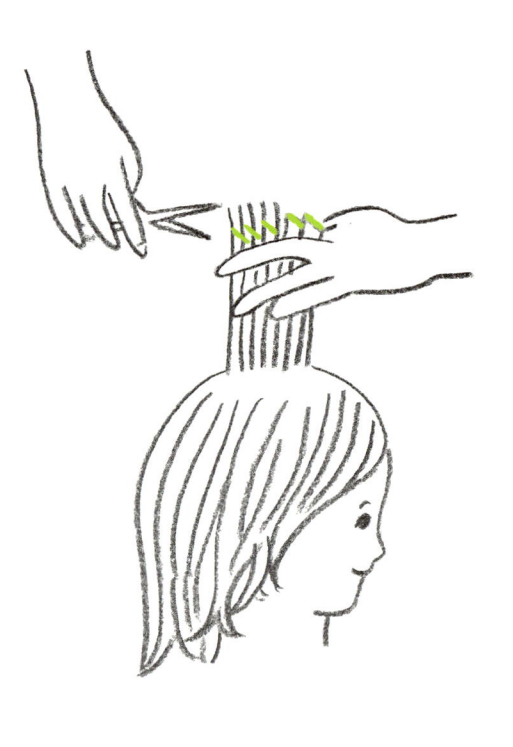

3 トップを持ち上げて、ななめにはさみを入れながら長さをそろえる。

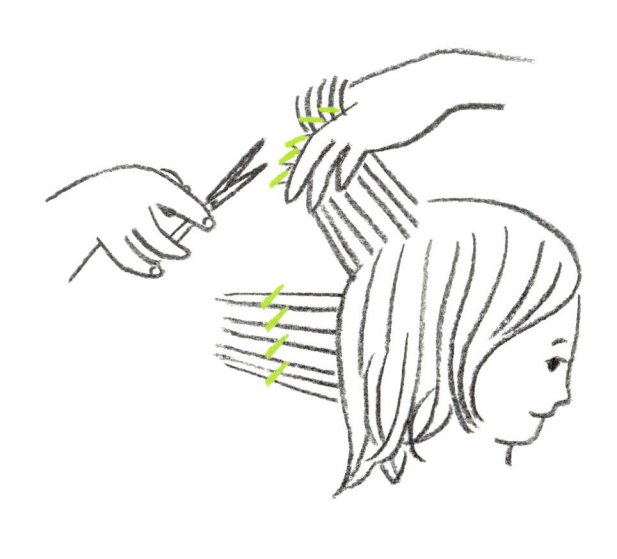

4 トップ→バック→えりあしの順で切りすすめる（レイヤーを入れる）。ななめ後ろとサイドも同様に。

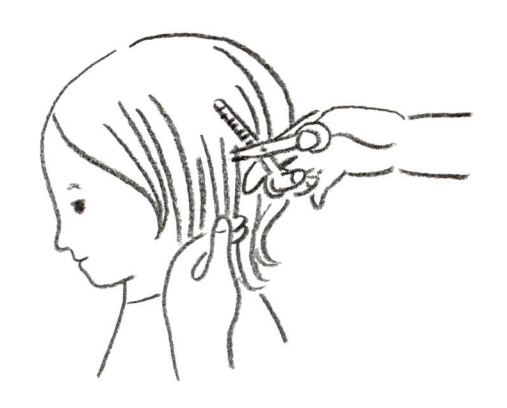

5 すきばさみを中間〜毛先に、軽くしたい分だけ入れる。
すきばさみの回数によって、雰囲気が変わってかわいいです。

まえがみは step1 からお好みで。

※根元から入れないのは、子どもはくせが強かったり毛量が少ないから。毛量の多い子はねじらずに、すきばさみを根元から入れても O.K. です。はさみを入れる位置が根元に向かうほど、どんどん軽くなります。おうちカットに慣れたら、いろいろ試してみてください。

ショートスタイル

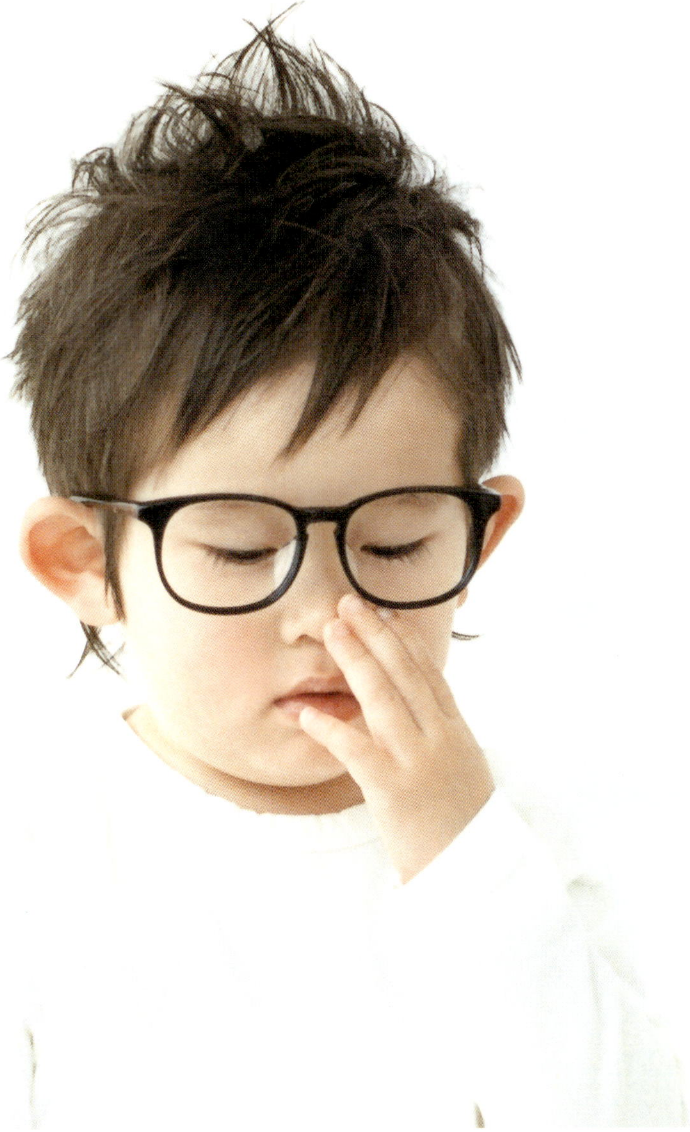

ショートスタイル

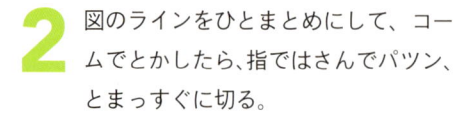

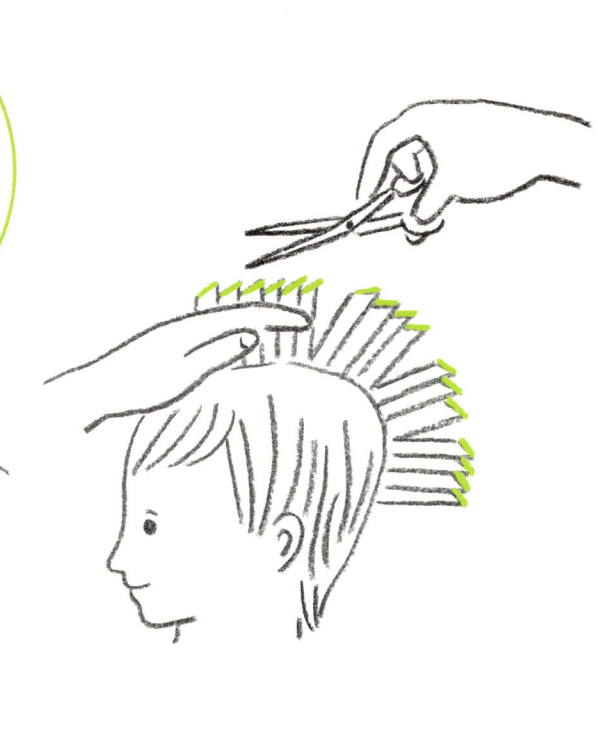

1 仕上がりをイメージする。
しっかりイメージすると、上手にできます。

2 図のラインをひとまとめにして、コームでとかしたら、指ではさんでパツン、とまっすぐに切る。

3 まえがみは残して、トップ〜バックまでのラインを、90度にコームで引き出しながら指ではさみ、ななめにはさみを入れる。

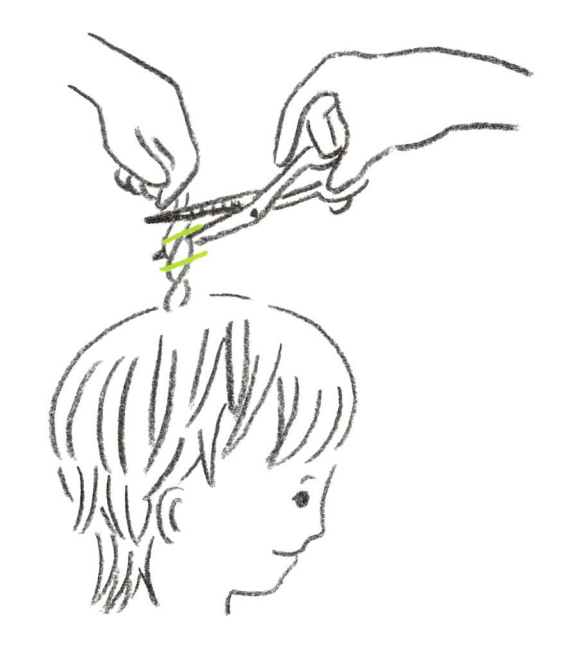

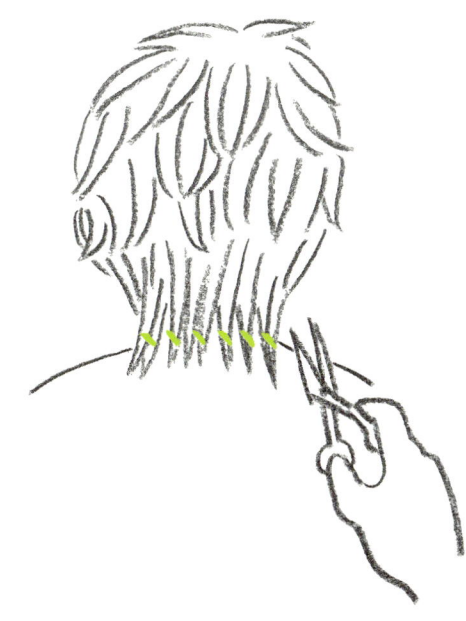

4 図のように頭皮に平行に、ななめにはさみを入れる。
＊左右同様に。

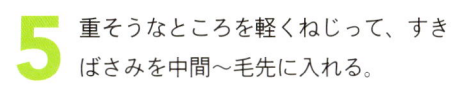

5 重そうなところを軽くねじって、すきばさみを中間〜毛先に入れる。
ねじりすぎないで。はさみに負担がかかります。
＊毛量の多い子はねじらずに入れたり、たくさんすいて軽くしてもかわいいです。

6 えりあしははさみをななめに入れ、ギザギザとなるように全体をととのえながら進む。
お好みですきばさみを入れてもかわいいです。

まえがみはstep1からお好みで。

48

49

小さい子どもの
シャンプーの仕方

シャンプーをいやがる子どもは多いものです。
親の笑顔は、子どもの安心感につながるので、ぜひ心がけて。子ども（とくに赤ちゃん）は、体温が逃げやすいので、スピーディーにすることも大切です。

準備するもの
ガーゼ（シャワーでも）
洗面器（お湯をはる）
ベビーシャンプー
（肌にやさしいもの）
タオル
着がえ

親の準備
ぬれてもいい服に着がえる。
二人で気持ちよくシャンプーをする気持ちをととのえる。

子どもの準備
ぬれてもいい肌着になる。

1 しっかり目をみて「これからシャンプーするよ」とおはなししてあげる。

2 お湯でぬらしたガーゼ（しぼらない）またはシャワーで、頭皮に水分を与える。ちゃぷちゃぷと、やさしく。
耳に水が入らないように気をつけましょう。

3 手のひらでシャンプーを泡立てる。

シャンプーこぼれ話

こどもは大人よりも体全体に対する頭の比率が大きいので、シャンプー後にはよりさっぱりとした心地よさを感じてくれているはず。「気持ちよかったね」と目を合わせてにっこりするのも、シャンプーが好きになる大切なポイントです。「上手にできたね」と笑顔をかわせば、毎日のシャンプーも優しいコミュニケーションの時間になりますよ。

4 円を描くように、指の腹でやさしく全体を洗う。泡をなじませるように。

5 ぬらしたガーゼ（またはシャワー）で何度かに分けてゆすぐ。シャンプーをしっかり流す。耳に水が入らないように気をつけましょう。

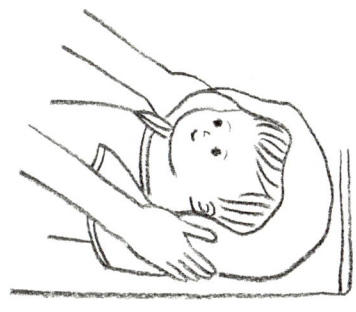

6 やさしくタオルでふく。冷えたり、細菌が繁殖したりしないよう、しっかりと水分をふき取る。

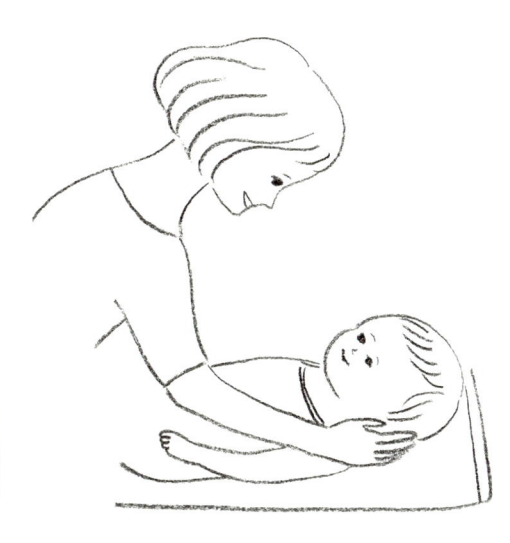

7「気持ちいいね」「よくできたね」と目を合わせて、にっこりと笑顔をかわす。

おんなの子のヘアアレンジ

ボブアレンジ

かんたんにできてとびきりかわいいから、親子でごきげん！なヘアアレンジを、長さ別に４スタイルご紹介します。

flicked out curl style
毛先クルリンスタイル

毛先にアイロンを逆巻きにからませる。
ホットカーラーでも代用できます。

rangements

kid's regent style
キッズリーゼント

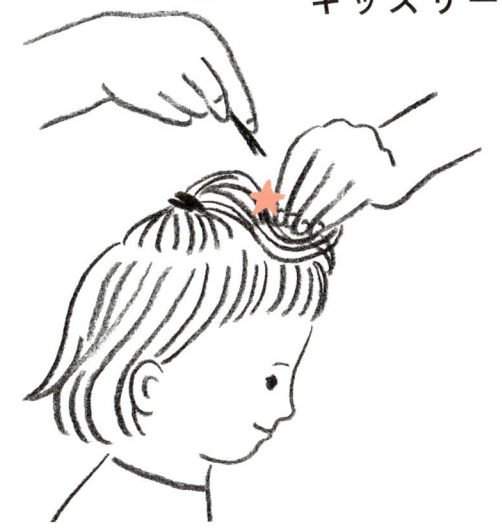

トップをアイロンでカールをつけ、ゴムでひとまとめにする。おでこの方に倒して、ピンで留める。

サイドをピンでおさえると、タイトでかっこいいです。

おんなの子のヘアアレンジ
ロングアレンジ

ピンさえあればできるシンプルなロングアレンジ。おしゃまにも、レトロにも、お着がえ気分で楽しんで。

classical style
クラシカルスタイル

まえがみを丸めてピンで留める。残りの髪を2つに分け、毛先を持って根元に向かってゆるく巻く。巻いた根元をピンで留める。

ns
rangements

machiko style
マチコスタイル

多めに横分けしたまえがみを、サイドに流す。
ピンで留めて、アクセサリーをつける。
全体にウェーブをつけてもかわいいです。

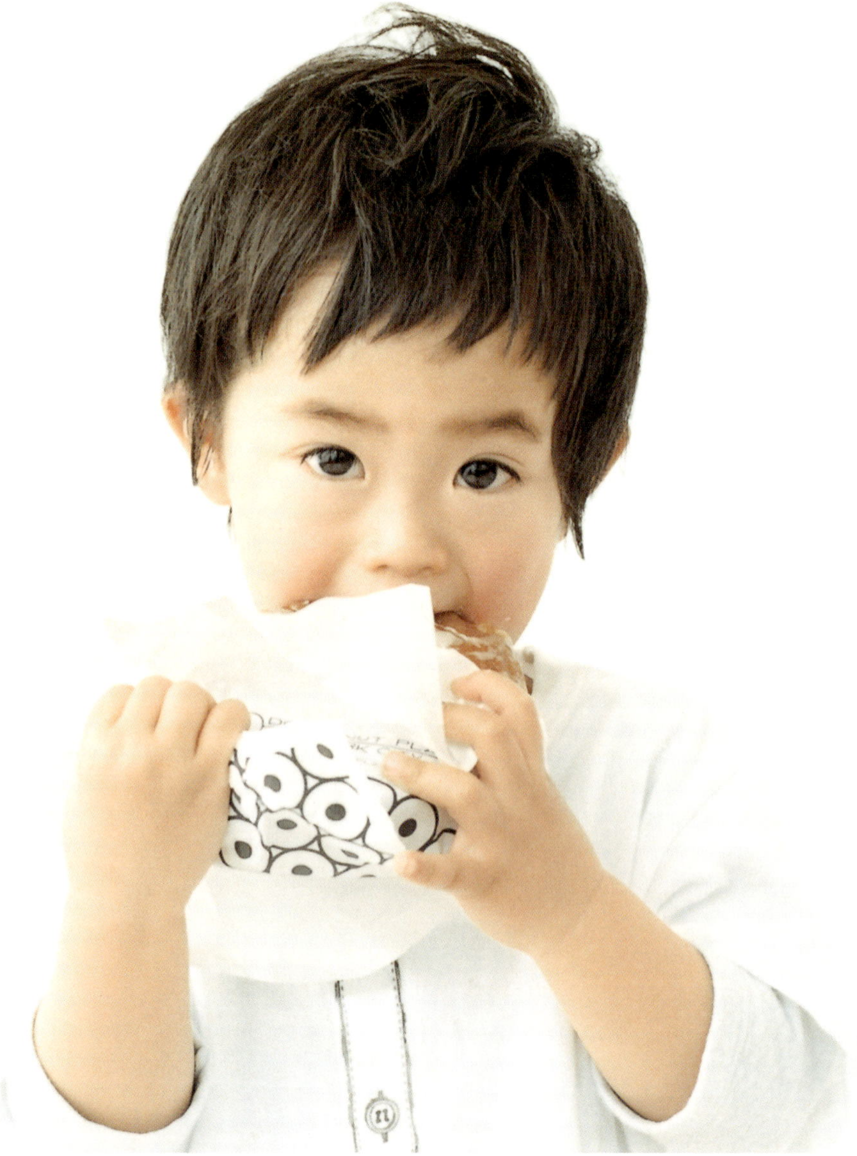

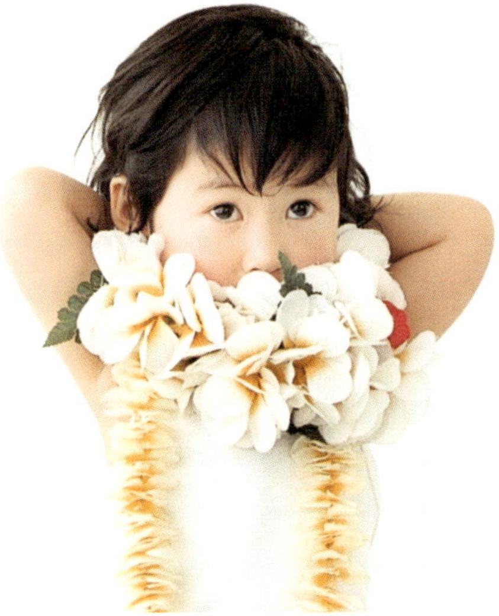
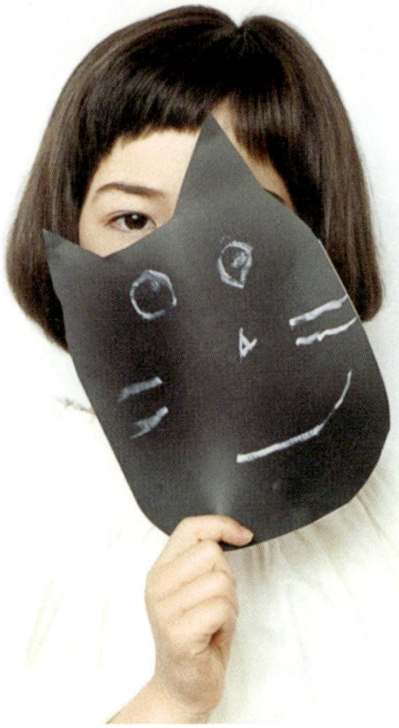
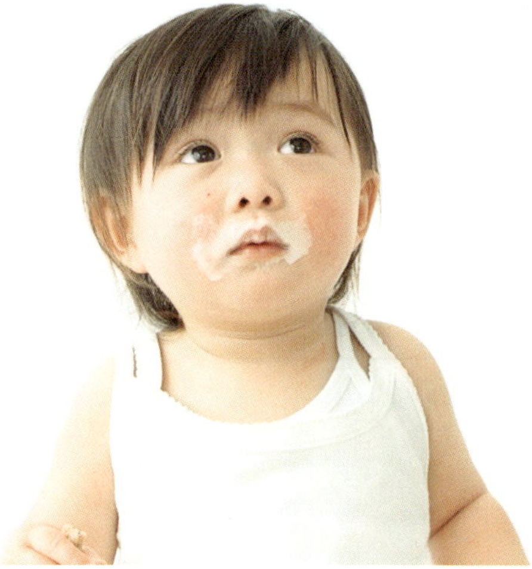
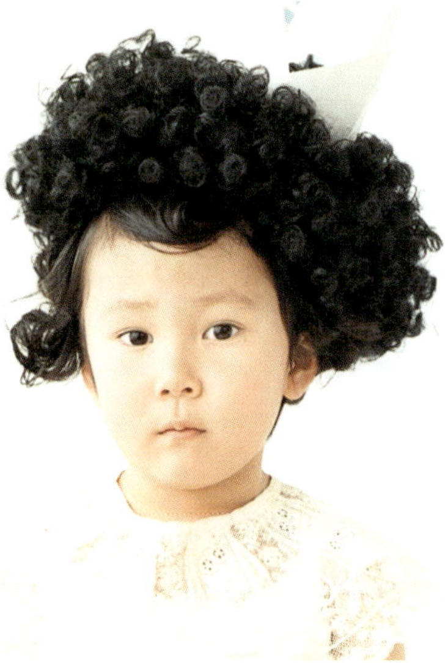
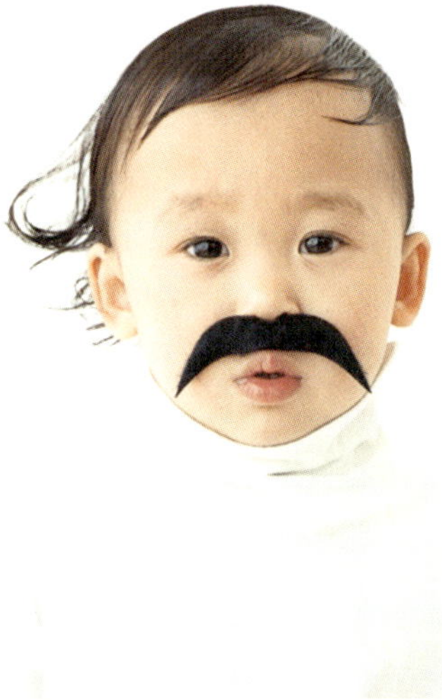
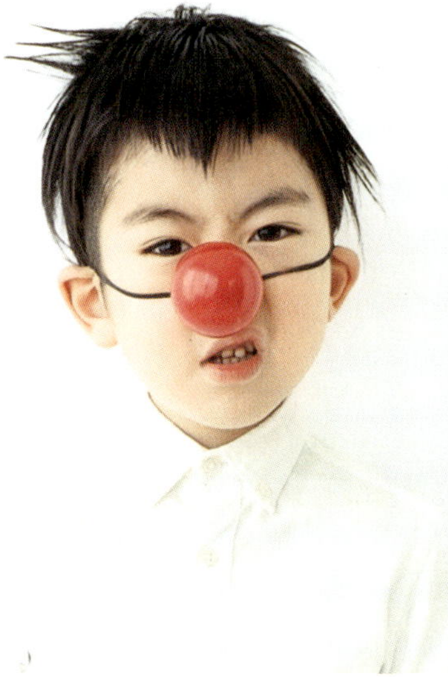

デザイナー・suzuki takayuki とつくる
オリジナル・カットクロス
Pattern 1

余り布や着古したTシャツも、こんなにりっぱなカットクロスに変身！おうちサロンがますます楽しくなる、ひと工夫です。

Pattern 1 つくり方

かんたんなしくみだから、器用じゃなくてもだいじょうぶ。少々縫い目が曲がってもO.K.。余り布で気軽につくってみてください。

用意するもの
* 布 120cm × 60cm
  （古くなったカーテンやテーブルクロスなど、余り布でO.K.）……1枚
* リボン 3m……1本
* ボタン（好みのもの）……2個

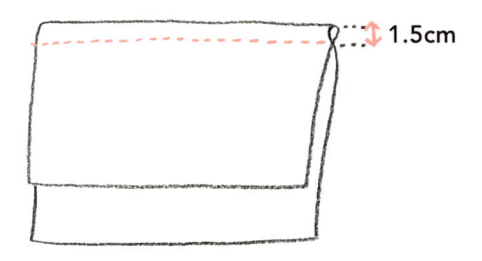

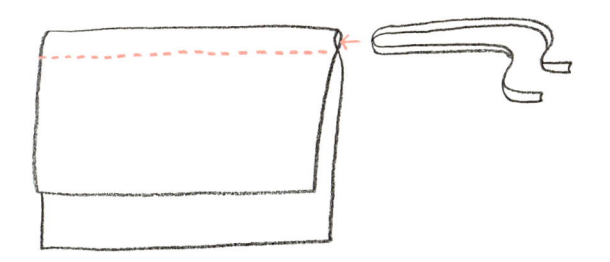

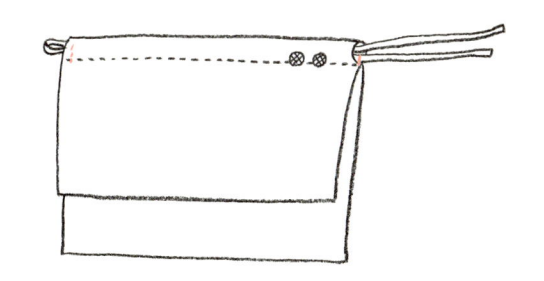

1 布を図のようにずらして二つに折り、折り目から1.5cmのところを縫う。

2 縫ったところに半分に折ったリボンを通す。

3 図の箇所を縫いつけて、下のリボンだけギュッと絞る。

suzuki takayuki：1975年愛知生まれ。東京造形大学在学中に友人と開いた展示会をきっかけに映画、ダンス、ミュージシャン等の衣装を手がけるようになる。2002-03 A/W より、「suzuki takayuki」として自身のブランドを立ち上げ2007年より東京コレクションに参加。2009年、渋谷パルコパート1に直営店をオープン。

デザイナー・suzuki takayuki とつくる
オリジナル・カットクロス
Pattern 2

Pattern 2 つくり方

お古のTシャツも、こんなにすてきなクロスに変身！ 色やプリントが入ったものでも◎。ゴムだから、脱ぎ着もかんたんです。

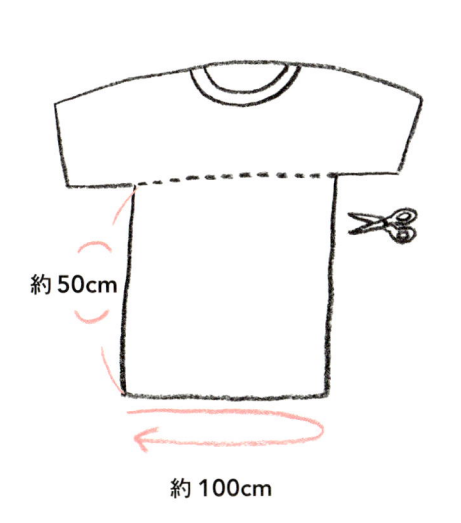

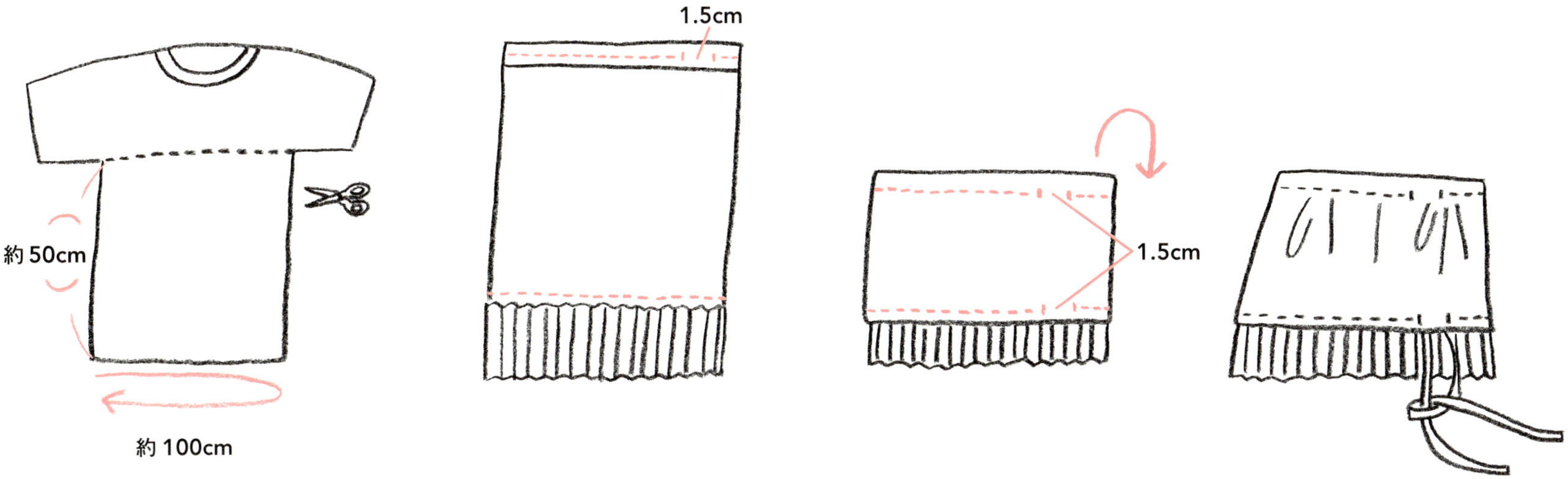

用意するもの
＊大人用のTシャツ ……1枚
＊フリルやレース 1m
　（Tシャツの胴囲と同じぐらいの長さがあればO.K.）……1本
＊裁縫用のゴムひも 30cm
＊リボン 3m……1本

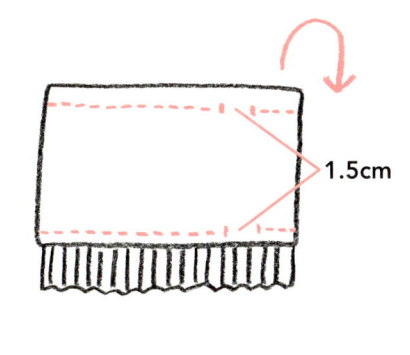

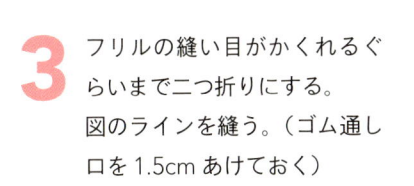

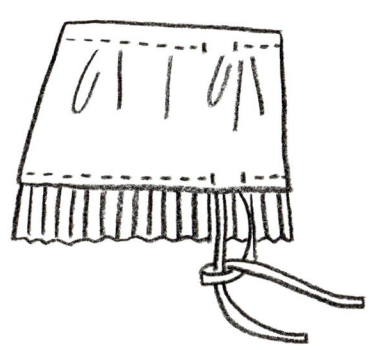

1 大人用のTシャツを点線のように切る。

2 切ったところを折り返し、図のように縫う。（ひも通し口を1.5cmあけておく）

裾にフリルやレースを縫いつける。

3 フリルの縫い目がかくれるぐらいまで二つ折りにする。図のラインを縫う。（ゴム通し口を1.5cmあけておく）

4 上にゴムを、下にリボンを通す。ゴムは子どもの首囲に合わせて調節する。

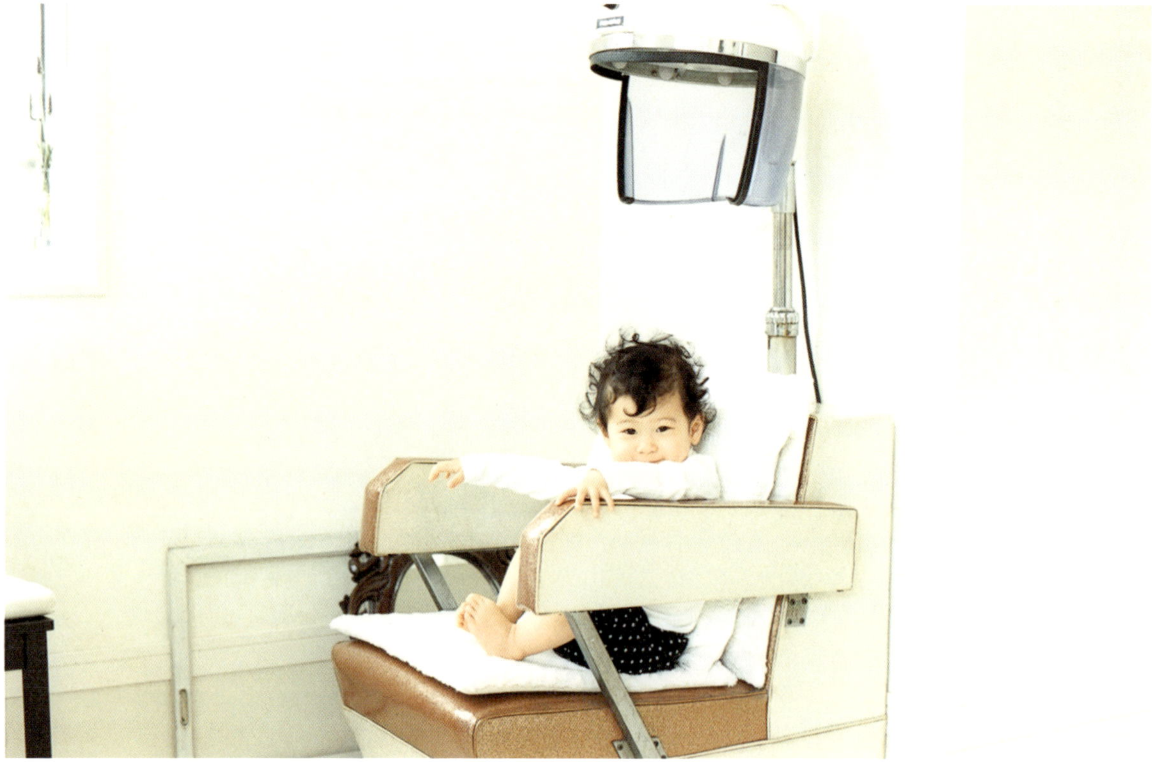

おわりに

　チョキ、チョキ、チョキ……。
　曲がっても、切りすぎても、優しい優しい思い出の時間が残ります。
　お絵かきしながらの相談中は、ケンカもいいね。切ってる時間は二人の時間、だからとってもあったかい。上手にできなくていいんです。上手じゃないからいろんな表情を見せてくれるんです。おうちカットでかわいくなった我が子をなんだか恥ずかしいけど、「見て、うちで切ったの」と、だれかに見せたくなる親心は、すてきだと思います。
　おうちカットは、明日からの子どもの成長を愛おしみ、のびた分の髪に「ありがとう」と思いながらカットすることなのです。

　チョキ、チョキ、チョキ、チョキ、一回一回を大切に……。

　今回の撮影では、たくさんのお子さんたちの笑い声に幸せをいただきました。当日は、泣いてしまって撮影ができなかったお子さんもたくさんいらっしゃいました。撮影してあげられなかったのはとても残念だったけど、その子たちのおとうさん、おかあさん方からも、「よい経験、よい時間をありがとう」と、たくさんたくさん言っていただきました。協力していただいたすべての方に、感謝をこめて。ありがとうございました。

　　　　2010年 砂原由弥（すなはらよしみ）

スタッフ

AD・デザイン	芥陽子（note）
撮影	馬場晶子
スタイリング	田中美和子
イラスト	七字由布
カットクロス制作	suzuki takayuki（bandneon inc.）
製版ディレクション	金子雅一（凸版印刷）
DTP	今飯田綾子
編集	三谷葵（アノニマ・スタジオ）
企画・構成	砂原由弥　http://sunahara-y.net

はじめてのおうちカット
2010年7月16日 初版第一刷 発行

著　者　　砂原由弥
発行人　　前田哲次
編集人　　谷口博文
発行所　　中央出版株式会社 アノニマ・スタジオ
　　　　　〒111-0051
　　　　　東京都台東区蔵前 2-14-14
　　　　　TEL 03-6699-1064　FAX 03-6699-1070
　　　　　http://www.anonima-studio.com

発売元　　KTC 中央出版
　　　　　〒111-0051
　　　　　東京都台東区蔵前 2-14-14

印刷・製本　凸版印刷株式会社

内容に関するお問い合わせ、ご注文などはすべてアノニマ・スタジオまでおねがいします。乱丁・落丁本はお取り替えいたします。本書の内容を無断で複製・転写・放送・データ配信することはかたくお断りいたします。定価はカバー表示してあります。
ISBN 978-4-87758-694-2 C2077
copyright 2010 Yoshimi Sunahara, Printed in Japan

撮影協力

海と砂原美容室　　http://www.umisuna.com
umitos

Aquvii	03-3462-5377	
giraffe	03-5941-5675	
アングローバル / マーガレット・ハウエル		03-5467-7874
ノウティー	03-3793-5113	
YAECA	03-6426-7107	

special thanks

Ai, Aika.K, Aika.W, Aine, Aiwa, Anyu, Aoha, Aoi.K, Aoi.T, Arata, Asahi, Ayane, Ayanoshin, Ayato, Chiharu, Chihiro, Daiki.I, Daiki.S, Fumio, Fune, Genki, Haru, Haruka.I, Haruka.Y, Haruki, Haruto.H, Haruto.Y, Hazuki, Hibiki, Himeki, Hina.D, Hina.S, Hinano, Hinata.K, Hinata.T, Hisato, Hiyori.(Tada), Hiyori.(Tanaka), Ikuno, Iori, Kaede, Kai, Kaisei, Kanna, Kano, Kanon.T, Kanon.Y, Kodai, Koharu, Koki.S, Koki.U, Koko, Konosuke.S, Konosuke.T, Kosei, Kosuke, Kotoko, Kumi, Mahiro, Mako, Manami, Manato, Mao, Masamune, Midori, Miho, Miku, Misaki, Misora, Mitsuki, Miu, Miyu, Nami, Nana, Nanase, Nao, Naruha, Neisa, Niko, Nonoko, Ozora, Rara, Refua, Rei, Reina, Remi, Ria, Rihito, Riki, Riku.K, Riku.U, Riku.Y, Rin.I, Rin.O, Rin.S, Rina, Rintaro, Rio, Riona, Rui, Ryotaro, Ryoto, Ryoya, Sara, Sayo, Seidai, Seito, Serina, Shingo, Shino.M, Shino.S, Shiryu, Shoei, Sintaro, So, Soken, Soranosuke, Sota D, SotaS, Suzunari, Taichi, Taiyo.I, Taiyo.T, Takeru, Teru, Toya, Tsubasa, Tsumugu, Ukyo, Yota, Yu.K, Yu.W, Yua.A, Yua.T, Yui, Yukito, Yuma, Yumeka, Yuna, Yuna.K, Yuna.O, Yuna.S, Yusei, Yuta, Yuto.C, Yuto.I, Yuto.N, Yuto.Y, Yuzuki, Zachary, Nagao Elem. Sch, Yamaguchi family